개 역 개 정 · 신 약 성 경 쓰 기

③

누가복음하

인자가 온 것은
잃어버린 자를 찾아
구원하려 함이니라
_눅 19:10_

레마북스
Rhema

"우리는 성경을 읽지만 세상은 우리를 읽는다."

성경은 세상 모든 책을 담을 수 있는 가장 큰 그릇입니다.
성경 필사는 단순히 글을 옮겨 쓰는 작업이 아니라 눈으로 활자를 읽고 손으로 쓰면서 머리로 헤아리는 일. 눈, 손, 머리를 동시에 동원하는 작업으로 오래전부터 필사는 효과가 입증된 글쓰기 훈련법입니다. 저명한 사람들은 필사의 경험이 없는 사람은 없습니다.

손과 종이 위에 연필 끝이 만나는 순간 미묘한 시간차가 발생합니다. 필사가 제공하는 틈 그 순간에 우리는 가만히 있지 않습니다. 단어와 문장을 거슬러 올라가고 맥락을 헤아리고 성경 내용을 되새김질 합니다. 필사 과정에서 눈으로 읽을 때 미처 보지 못한 내용을 발견하고 또 깨달을 수도 있습니다.

성경 필사는 하나님 말씀이 생명력 있게 살아나게 하는 작업입니다.
하나님 말씀이 우리들 마음속에 가득할 때 마음의 소원, 기도의 제목을 하나님이 들으시고 이루어 주실 것입니다.

성경의 진리들을 오직 성경으로, 오직 성령의 조명으로 해석하고 교리를 세우고 그 교리를 삶의 기준과 원칙으로 삼고 모든 삶의 영역에 적용하고자 한 청교도처럼 예수를 가장 잘 믿는 사람들, 가장 순수한 신앙으로 산 사람들 "크리스천" 되기를 소망합니다.

엮은이 **김영기**

✚ 볼펜, 만년필로 성경쓰기 편한 고급 재질의 종이 사용

[레마북스 신약성경쓰기 시리즈 (3)누가복음하]는 유성볼펜이나 만년필 사용에 적합하도록 도톰하고 고급스런 광택이 나는 재질의 종이를 사용하였습니다.

✚ 성경쓰기 편하도록 페이지가 완전히 펼쳐지는 180도 고급 제본 사용

[레마북스 신약성경쓰기 시리즈 (3)누가복음하]는 책을 펼친 중간 부분이 걸리지 않도록 페이지가 완전히 펼쳐지는 180도 고급 제본을 사용하였습니다.

✚ 10여년의 경험을 바탕으로 읽고 쓰기 편안한 글씨체 사용

[레마북스 신약성경쓰기 시리즈 (3)누가복음하]는 통독을 겸한 필사가 가능하도록 읽고 쓰면서 스트레스 받지 않는 글씨체를 10여년의 실패와 경험을 바탕으로 선정하여 사용하였습니다.

✚ 따라쓸 수 있는 한자(漢字) 병기(併記)로 말씀 묵상의 극대화

[레마북스 신약성경쓰기 시리즈 (3)누가복음하]는 긍정적이고 따라쓰기 쉬운 한자를 병기하여 깊은 묵상을 극대화하였습니다.

구약성경 통독표

순번	성경목록	장	절	평균통독시간/분	순번	성경목록	장	절	평균통독시간/분
1	창세기	50	1,533	203	21	전도서	12	222	31
2	출애굽기	40	1,213	162	22	아가	8	117	16
3	레위기	27	859	115	23	이사야	66	1,292	206
4	민수기	36	1,287	165	24	예레미야	52	1,364	300
5	신명기	34	959	147	25	예레미야애가	5	154	20
6	여호수아	24	658	99	26	에스겔	48	1,273	201
7	사사기	21	618	103	27	다니엘	12	357	62
8	룻기	4	85	14	28	호세아	14	197	30
9	사무엘상	31	810	136	29	요엘	3	73	11
10	사무엘하	24	695	113	30	아모스	9	146	23
11	열왕기상	22	816	128	31	오바댜	1	21	4
12	열왕기하	25	719	121	32	요나	4	48	7
13	역대상	29	942	119	33	미가	7	105	17
14	역대하	36	822	138	34	나훔	3	47	8
15	에스라	10	280	42	35	하박국	3	56	9
16	느헤미야	13	406	61	36	스바냐	3	53	9
17	에스더	10	167	29	37	학개	2	38	6
18	욥기	42	1,070	115	38	스가랴	14	211	33
19	시편	150	2,461	275	39	말라기	4	55	11
20	잠언	31	915	92		합 계	929	23,144	3,381

신약성경 통독표

순번	성경목록	장	절	평균통독시간/분	순번	성경목록	장	절	평균통독시간/분
1	마태복음	28	1,071	130	15	디모데전서	6	113	14
2	마가복음	16	678	81	16	디모데후서	4	83	11
3	누가복음	24	1,151	138	17	디도서	3	46	6
4	요한복음	21	879	110	18	빌레몬서	1	25	2
5	사도행전	28	1,007	127	19	히브리서	13	303	41
6	로마서	16	433	58	20	야고보서	5	108	14
7	고린도전서	16	437	57	21	베드로전서	5	105	15
8	고린도후서	13	256	37	22	베드로후서	3	61	9
9	갈라디아서	6	149	19	23	요한1서	5	105	15
10	에베소서	6	155	18	24	요한2서	1	13	2
11	빌립보서	4	104	14	25	요한3서	1	15	2
12	골로새서	4	95	12	26	유다서	1	25	4
13	데살로니가전서	5	89	12	27	요한계시록	22	404	61
14	데살로니가후서	3	47	6		합 계	260	7,957	1,015

구약성경	39권	23,144절	1,006,953문자	352,319단어	평균통독시간	56시간
신약성경	27권	7,957절	315,579문자	110,237단어	평균통독시간	17시간

바리새인들의 외식을 주의하라

12 ¹그 동안에 무리 수만 명이 모여
서로 밟힐 만큼 되었더니

예수께서 먼저 제자들에게 말씀하여 이르시되
바리새인들의 누룩 곧 외식을 주의하라

²감추인 것이 드러나지 않을 것이 없고
숨긴 것이 알려지지 않을 것이 없나니

³이러므로 너희가 어두운 데서 말한 모든 것이
광명한 데서 들리고 너희가 골방에서 귀에 대고 말한 것이
지붕 위에서 전파되리라

⁴내가 내 친구 너희에게 말하노니 몸을 죽이고
그 후에는 능히 더 못하는 자들을 두려워하지 말라

⁵마땅히 두려워할 자를 내가 너희에게 보이리니
곧 죽인 후에 또한 지옥에 던져 넣는

권세 있는 그를 두려워하라
내가 참으로 너희에게 이르노니 그를 두려워하라

⁶참새 다섯 마리가 두 앗사리온에 팔리는 것이 아니냐
그러나 하나님 앞에는 그 하나도
잊어버리시는 바 되지 아니하는도다

⁷너희에게는 심지어 머리털까지도 다 세신 바 되었나니
두려워하지 말라 너희는 많은 참새보다 더 귀하니라

⁸내가 또한 너희에게 말하노니
누구든지 사람 앞에서 나를 시인(是認)하면
인자도 하나님의 사자들 앞에서 그를 시인할 것이요

⁹사람 앞에서 나를 부인하는 자는
하나님의 사자들 앞에서 부인을 당하리라

_____

_____

¹⁰누구든지 말로 인자를 거역하면 사하심을 받으려니와
성령을 모독하는 자는 사하심을 받지 못하리라

_____

_____

¹¹사람이 너희를 회당이나 위정자나
권세 있는 자 앞에 끌고 가거든
어떻게 무엇으로 대답하며 무엇으로 말할까 염려하지 말라

_____

_____

_____

¹²마땅히 할 말을 성령이 곧 그 때에
너희에게 가르치시리라 하시니라

_____

_____

한 부자 비유

¹³무리 중에 한 사람이 이르되 선생님
내 형을 명하여 유산을 나와 나누게 하소서 하니

_____

_____

¹⁴이르시되 이 사람아 누가 나를
너희의 재판장이나 물건 나누는 자로 세웠느냐 하시고

¹⁵그들에게 이르시되 삼가 모든 탐심을 물리치라
사람의 생명이 그 소유의 넉넉한 데 있지 아니하니라 하시고

¹⁶또 비유로 그들에게 말하여 이르시되
한 부자가 그 밭에 소출(所出)이 풍성하매

¹⁷심중에 생각하여 이르되
내가 곡식 쌓아 둘 곳이 없으니 어찌할까 하고

¹⁸또 이르되 내가 이렇게 하리라
내 곳간을 헐고 더 크게 짓고
내 모든 곡식과 물건을 거기 쌓아 두리라

¹⁹또 내가 내 영혼에게 이르되

영혼아 여러 해 쓸 물건(物件)을 많이 쌓아 두었으니
평안히 쉬고 먹고 마시고 즐거워하자 하리라 하되

20 하나님은 이르시되 어리석은 자여
오늘 밤에 네 영혼을 도로 찾으리니
그러면 네 준비한 것이 누구의 것이 되겠느냐 하셨으니

21 자기를 위하여 재물을 쌓아 두고
하나님께 대하여 부요하지 못한 자가 이와 같으니라

목숨과 몸을 위하여 염려하지 말라

22 또 제자들에게 이르시되 그러므로 내가 너희에게 이르노니
너희 목숨을 위하여 무엇을 먹을까
몸을 위하여 무엇을 입을까 염려하지 말라

23 목숨이 음식보다 중하고 몸이 의복보다 중하니라

²⁴까마귀를 생각하라 심지도 아니하고 거두지도 아니하며
골방도 없고 창고도 없으되 하나님이 기르시나니
너희는 새보다 얼마나 더 귀하냐

²⁵또 너희 중에 누가 염려함으로
그 키를 한 자라도 더할 수 있느냐

²⁶그런즉 가장 작은 일도 하지 못하면서
어찌 다른 일들을 염려하느냐

²⁷백합화를 생각하여 보라
실도 만들지 않고 짜지도 아니하느니라

그러나 내가 너희에게 말하노니
솔로몬의 모든 영광으로도 입은 것이
이 꽃 하나만큼 훌륭하지 못하였느니라

²⁸오늘 있다가 내일 아궁이에 던져지는 들풀도
하나님이 이렇게 입히시거든 하물며 너희일까보냐
믿음이 작은 자들아

²⁹너희는 무엇을 먹을까 무엇을 마실까 하여
구하지 말며 근심하지도 말라

³⁰이 모든 것은 세상 백성들이 구하는 것이라
너희 아버지께서는 이런 것이
너희에게 있어야 할 것을 아시느니라

³¹다만 너희는 그의 나라를 구하라
그리하면 이런 것들을 너희에게 더하시리라

³²적은 무리여 무서워 말라 너희 아버지께서 그 나라를
너희에게 주시기를 기뻐하시느니라

³³너희 소유를 팔아 구제하여 낡아지지 아니하는 배낭을 만들라
곧 하늘에 둔 바 다함이 없는 보물(寶物)이니

거기는 도둑도 가까이 하는 일이 없고
좀도 먹는 일이 없느니라

³⁴너희 보물 있는 곳에는 너희 마음도 있으리라

깨어 준비하고 있으라
³⁵허리에 띠를 띠고 등불을 켜고 서 있으라

³⁶너희는 마치 그 주인이 혼인 집에서 돌아와
문을 두드리면 곧 열어 주려고 기다리는 사람과 같이 되라

³⁷주인이 와서 깨어 있는 것을 보면
그 종들은 복이 있으리로다
내가 진실로 너희에게 이르노니 주인이 띠를 띠고

그 종들을 자리에 앉히고 나아와 수종들리라

38주인이 혹 이경에나 혹 삼경에 이르러서도
종들이 그같이 하고 있는 것을 보면
그 종들은 복이 있으리로다

39너희도 아는 바니 집 주인이 만일
도둑이 어느 때에 이를 줄 알았더라면
그 집을 뚫지 못하게 하였으리라

40그러므로 너희도 준비하고 있으라
생각하지 않은 때에 인자(人子)가 오리라 하시니라

41베드로가 여짜오되 주께서 이 비유를
우리에게 하심이니이까 모든 사람에게 하심이니이까

42주께서 이르시되 지혜 있고 진실한 청지기가 되어

주인에게 그 집 종들을 맡아
때를 따라 양식을 나누어 줄 자가 누구냐

43 주인이 이를 때에 그 종이 그렇게 하는 것을 보면
그 종은 복(福)이 있으리로다

44 내가 참으로 너희에게 이르노니
주인이 그 모든 소유(所有)를 그에게 맡기리라

45 만일 그 종이 마음에 생각하기를
주인이 더디 오리라 하여 남녀 종들을 때리며
먹고 마시고 취하게 되면

46 생각하지 않은 날 알지 못하는 시각에
그 종의 주인이 이르러 엄히 때리고
신실(信實)하지 아니한 자의 받는 벌에 처하리니

⁴⁷주인의 뜻을 알고도 준비하지 아니하고
그 뜻대로 행하지 아니한 종은 많이 맞을 것이요

⁴⁸알지 못하고 맞을 일을 행한 종은 적게 맞으리라
무릇 많이 받은 자에게는 많이 요구할 것이요
많이 맡은 자에게는 많이 달라 할 것이니라

불을 던지러, 분쟁을 일으키러 왔다

⁴⁹내가 불을 땅에 던지러 왔노니
이 불이 이미 붙었으면 내가 무엇을 원하리요

⁵⁰나는 받을 세례가 있으니 그것이 이루어지기까지
나의 답답함이 어떠하겠느냐

⁵¹내가 세상에 화평을 주려고 온 줄로 아느냐
내가 너희에게 이르노니 아니라

도리어 분쟁하게 하려 함이로라

⁵²이 후부터 한 집에 다섯 사람이 있어 분쟁하되
셋이 둘과, 둘이 셋과 하리니

⁵³아버지가 아들과, 아들이 아버지와, 어머니가 딸과,
딸이 어머니와, 시어머니가 며느리와,
며느리가 시어머니와 분쟁하리라 하시니라

시대를 분간하고, 화해하기를 힘쓰라

⁵⁴또 무리에게 이르시되
너희가 구름이 서쪽에서 이는 것을 보면 곧 말하기를
소나기가 오리라 하나니 과연(果然) 그러하고

⁵⁵남풍이 부는 것을 보면 말하기를
심히 더우리라 하나니 과연 그러하니라

⁵⁶외식하는 자여 너희가 천지의 기상은 분간할 줄 알면서
어찌 이 시대는 분간하지 못하느냐

⁵⁷또 어찌하여 옳은 것을 스스로 판단하지 아니하느냐

⁵⁸네가 너를 고발하는 자와 함께 법관에게 갈 때에
길에서 화해하기를 힘쓰라

그가 너를 재판장에게 끌어 가고
재판장이 너를 옥졸에게 넘겨 주어
옥졸이 옥에 가둘까 염려하라

⁵⁹네게 이르노니 한 푼이라도 남김이 없이 갚지 아니하고서는
결코 거기서 나오지 못하리라 하시니라

회개하지 아니하면 망하리라

13 ¹그 때 마침 두어 사람이 와서

빌라도가 어떤 갈릴리 사람들의 피를
그들의 제물(祭物)에 섞은 일로 예수께 아뢰니

2대답하여 이르시되
너희는 이 갈릴리 사람들이 이같이 해 받으므로
다른 모든 갈릴리 사람보다 죄가 더 있는 줄 아느냐

3너희에게 이르노니 아니라
너희도 만일 회개하지 아니하면 다 이와 같이 망하리라

4또 실로암에서 망대가 무너져
치어 죽은 열여덟 사람이 예루살렘에 거한
다른 모든 사람보다 죄가 더 있는 줄 아느냐

5너희에게 이르노니 아니라
너희도 만일 회개하지 아니하면 다 이와 같이 망하리라

열매 맺지 못하는 무화과나무 비유

⁶이에 비유로 말씀하시되
한 사람이 포도원에 무화과나무를 심은 것이 있더니
와서 그 열매를 구하였으나 얻지 못한지라

⁷포도원지기에게 이르되
내가 삼 년을 와서 이 무화과나무에서 열매를 구하되
얻지 못하니 찍어버리라 어찌 땅만 버리게 하겠느냐

⁸대답하여 이르되 주인이여 금년에도 그대로 두소서
내가 두루 파고 거름을 주리니

⁹이 후에 만일 열매가 열면 좋거니와
그렇지 않으면 찍어버리소서 하였다 하시니라

안식일에 꼬부라진 여자를 고치시다

10예수께서 안식일에 한 회당에서 가르치실 때에

11열여덟 해 동안이나 귀신 들려 앓으며 꼬부라져
조금도 펴지 못하는 한 여자가 있더라

12예수께서 보시고 불러 이르시되
여자여 네가 네 병에서 놓였다 하시고

13안수하시니 여자가 곧 펴고 하나님께 영광을 돌리는지라

14회당장이 예수께서 안식일에 병 고치시는 것을 분 내어
무리에게 이르되 일할 날이 엿새가 있으니

그 동안에 와서 고침을 받을 것이요
안식일에는 하지 말 것이니라 하거늘

15주께서 대답하여 이르시되 외식하는 자들아
너희가 각각 안식일에 자기의 소나 나귀를

외양간에서 풀어내어 이끌고 가서 물을 먹이지 아니하느냐

¹⁶그러면 열여덟 해 동안 사탄에게 매인 바 된
이 아브라함의 딸을 안식일에 이 매임에서 푸는 것이
합당하지 아니하냐

¹⁷예수께서 이 말씀을 하시매
모든 반대하는 자들은 부끄러워하고
온 무리는 그가 하시는 모든 영광스러운 일을 기뻐하니라

겨자씨와 누룩 비유

¹⁸그러므로 예수께서 이르시되
하나님의 나라가 무엇과 같을까 내가 무엇으로 비교할까

¹⁹마치 사람이 자기 채소밭에 갖다 심은 겨자씨 한 알 같으니
자라 나무가 되어 공중의 새들이 그 가지에 깃들였느니라

²⁰또 이르시되 내가 하나님의 나라를 무엇으로 비교할까

²¹마치 여자가 가루 서 말 속에 갖다 넣어
전부 부풀게 한 누룩과 같으니라 하셨더라

좁은 문으로 들어가기를 힘쓰라

²²예수께서 각 성 각 마을로 다니사 가르치시며
예루살렘으로 여행하시더니

²³어떤 사람이 여짜오되 주여 구원을 받는 자가 적으니이까
그들에게 이르시되

²⁴좁은 문으로 들어가기를 힘쓰라 내가 너희에게 이르노니
들어가기를 구하여도 못하는 자가 많으리라

²⁵집 주인이 일어나 문을 한 번 닫은 후에
너희가 밖에 서서 문을 두드리며 주여 열어 주소서 하면

그가 대답하여 이르되 나는 너희가 어디에서 온 자인지
알지 못하노라 하리니

26그 때에 너희가 말하되 우리는 주 앞에서 먹고 마셨으며
주는 또한 우리의 길거리에서 가르치셨나이다 하나

27그가 너희에게 말하여 이르되
나는 너희가 어디에서 왔는지 알지 못하노라
행악(行惡)하는 모든 자들아 나를 떠나 가라 하리라

28너희가 아브라함과 이삭과 야곱과 모든 선지자는
하나님 나라에 있고 오직 너희는 밖에 쫓겨난 것을 볼 때에
거기서 슬피 울며 이를 갈리라

29사람들이 동서남북으로부터 와서
하나님의 나라 잔치에 참여하리니

³⁰보라 나중 된 자로서 먼저 될 자도 있고
먼저 된 자로서 나중 될 자도 있느니라 하시더라

_____

_____

선지자들을 죽이는 예루살렘아

³¹곧 그 때에 어떤 바리새인들이 나아와서 이르되
나가서 여기를 떠나소서 헤롯이 당신을 죽이고자 하나이다

_____

_____

³²이르시되 너희는 가서 저 여우에게 이르되
오늘과 내일은 내가 귀신을 쫓아내며 병을 고치다가
제삼일에는 완전(完全)하여지리라 하라

_____

_____

³³그러나 오늘과 내일과 모레는 내가 갈 길을 가야 하리니
선지자(先知者)가 예루살렘 밖에서는 죽는 법이 없느니라

_____

_____

³⁴예루살렘아 예루살렘아
선지자들을 죽이고 네게 파송된 자들을 돌로 치는 자여

_____

_____

암탉이 제 새끼를 날개 아래에 모음 같이
내가 너희의 자녀를 모으려 한 일이 몇 번이냐
그러나 너희가 원하지 아니하였도다

35 보라 너희 집이 황폐하여 버린 바 되리라
내가 너희에게 이르노니 너희가 주의 이름으로 오시는 이를
찬송하리로다 할 때까지는 나를 보지 못하리라 하시니라

수종병 든 사람을 고치시다

14 1 안식일에 예수께서 한 바리새인 지도자의 집에
떡 잡수시러 들어가시니 그들이 엿보고 있더라

2 주의 앞에 수종병 든 한 사람이 있는지라

3 예수께서 대답하여 율법교사들과 바리새인들에게 이르시되
안식일에 병 고쳐 주는 것이 합당하냐 아니하냐

⁴그들이 잠잠하거늘
예수께서 그 사람을 데려다가 고쳐 보내시고

⁵또 그들에게 이르시되
너희 중에 누가 그 아들이나 소가 우물에 빠졌으면
안식일에라도 곧 끌어내지 않겠느냐 하시니

⁶그들이 이에 대하여 대답하지 못하니라

끝자리에 앉으라

⁷청함을 받은 사람들이 높은 자리 택함을 보시고
그들에게 비유로 말씀하여 이르시되

⁸네가 누구에게나 혼인(婚姻) 잔치에 청함을 받았을 때에
높은 자리에 앉지 말라 그렇지 않으면
너보다 더 높은 사람이 청함을 받은 경우에

⁹너와 그를 청한 자가 와서
너더러 이 사람에게 자리를 내주라 하리니
그 때에 네가 부끄러워 끝자리로 가게 되리라

¹⁰청(請)함을 받았을 때에 차라리 가서 끝자리에 앉으라
그러면 너를 청한 자가 와서 너더러

벗이여 올라 앉으라 하리니 그 때에야
함께 앉은 모든 사람 앞에서 영광이 있으리라

¹¹무릇 자기를 높이는 자는 낮아지고
자기를 낮추는 자는 높아지리라

¹²또 자기를 청한 자에게 이르시되
네가 점심이나 저녁이나 베풀거든
벗이나 형제나 친척이나 부한 이웃을 청하지 말라

두렵건대 그 사람들이 너를 도로 청하여
네게 갚음이 될까 하노라

¹³잔치를 베풀거든 차라리 가난한 자들과
몸 불편한 자들과 저는 자들과 맹인들을 청하라

¹⁴그리하면 그들이 갚을 것이 없으므로 네게 복이 되리니
이는 의인들의 부활시에 네가 갚음을 받겠음이라 하시더라

큰 잔치 비유

¹⁵함께 먹는 사람 중의 하나가 이 말을 듣고 이르되
무릇 하나님의 나라에서 떡을 먹는 자는 복되도다 하니

¹⁶이르시되 어떤 사람이 큰 잔치를 배풀고
많은 사람을 청하였더니

¹⁷잔치할 시각에 그 청하였던 자들에게 종을 보내어 이르되

오소서 모든 것이 준비되었나이다 하매

¹⁸다 일치하게 사양하여 한 사람은 이르되
나는 밭을 샀으매 아무래도 나가 보아야 하겠으니
청컨대 나를 양해하도록 하라 하고

¹⁹또 한 사람은 이르되 나는 소 다섯 겨리를 샀으매
시험하러 가니 청컨대 나를 양해하도록 하라 하고

²⁰또 한 사람은 이르되 나는 장가 들었으니
그러므로 가지 못하겠노라 하는지라

²¹종이 돌아와 주인(主人)에게 그대로 고하니
이에 집 주인이 노하여 그 종에게 이르되

빨리 시내의 거리와 골목으로 나가서
가난한 자들과 몸 불편한 자들과 맹인들과

저는 자들을 데려오라 하니라

22 종이 이르되 주인이여 명하신 대로 하였으되
아직도 자리가 있나이다

23 주인이 종에게 이르되 길과 산울타리 가로 나가서
사람을 강권하여 데려다가 내 집을 채우라

24 내가 너희에게 말하노니 전에 청하였던 그 사람들은
하나도 내 잔치를 맛보지 못하리라 하였다 하시니라

제자가 되는 길
25 수많은 무리가 함께 갈새 예수께서 돌이키사 이르시되

26 무릇 내게 오는 자가 자기 부모와 처자와 형제(兄弟)와
자매(姉妹)와 더욱이 자기 목숨까지 미워하지 아니하면
능히 내 제자가 되지 못하고

27 누구든지 자기 십자가를 지고 나를 따르지 않는 자도
   능히 내 제자가 되지 못하리라

28 너희 중의 누가 망대를 세우고자 할진대
   자기의 가진 것이 준공하기까지에 족할는지
   먼저 앉아 그 비용을 계산하지 아니하겠느냐

29 그렇게 아니하여 그 기초(基礎)만 쌓고
   능히 이루지 못하면 보는 자가 다 비웃어

30 이르되 이 사람이 공사를 시작하고
   능히 이루지 못하였다 하리라

31 또 어떤 임금이 다른 임금과 싸우러 갈 때에
   먼저 앉아 일만 명으로써
   저 이만 명을 거느리고 오는 자를

대적할 수 있을까 헤아리지 아니하겠느냐

³²만일 못할 터이면 그가 아직 멀리 있을 때에
사신을 보내어 화친(和親)을 청할지니라

³³이와 같이 너희 중의 누구든지
자기의 모든 소유를 버리지 아니하면
능히 내 제자가 되지 못하리라

³⁴소금이 좋은 것이나 소금도 만일 그 맛을 잃으면
무엇으로 짜게 하리요

³⁵땅에도, 거름에도 쓸 데 없어 내버리느니라
들을 귀가 있는 자는 들을지어다 하시니라

잃은 양을 찾은 목자 비유

15 ¹모든 세리와 죄인들이 말씀을 들으러

가까이 나아오니

²바리새인과 서기관들이 수군거려 이르되
이 사람이 죄인을 영접하고 음식을 같이 먹는다 하더라

³예수께서 그들에게 이 비유로 이르시되

⁴너희 중에 어떤 사람이 양 백 마리가 있는데
그 중의 하나를 잃으면 아흔아홉 마리를 들에 두고
그 잃은 것을 찾아내기까지 찾아다니지 아니하겠느냐

⁵또 찾아낸즉 즐거워 어깨에 메고

⁶집에 와서 그 벗과 이웃을 불러 모으고 말하되
나와 함께 즐기자 나의 잃은 양을 찾아내었노라 하리라

⁷내가 너희에게 이르노니
이와 같이 죄인 한 사람이 회개하면

하늘에서는 회개할 것 없는 의인 아흔아홉으로 말미암아
기뻐하는 것보다 더하리라

_____

_____

잃은 드라크마를 찾은 여인 비유

8어떤 여자가 열 드라크마가 있는데
하나를 잃으면 등불을 켜고 집을 쓸며 찾아내기까지
부지런히 찾지 아니하겠느냐

_____

_____

9또 찾아낸즉 벗과 이웃을 불러 모으고 말하되
나와 함께 즐기자 잃은 드라크마를 찾아내었노라 하리라

_____

_____

10내가 너희에게 이르노니 이와 같이 죄인 한 사람이 회개하면
하나님의 사자들 앞에 기쁨이 되느니라

_____

_____

잃은 아들을 되찾은 아버지 비유

11또 이르시되 어떤 사람에게 두 아들이 있는데

_____

12 그 둘째가 아버지에게 말하되 아버지여
재산 중에서 내게 돌아올 분깃을 내게 주소서 하는지라
아버지가 그 살림을 각각 나눠 주었더니

13 그 후 며칠이 안 되어 둘째 아들이
재물을 다 모아 가지고 먼 나라에 가
거기서 허랑방탕하여 그 재산을 낭비하더니

14 다 없앤 후 그 나라에 크게 흉년이 들어
그가 비로소 궁핍한지라

15 가서 그 나라 백성 중 한 사람에게 붙여 사니
그가 그를 들로 보내어 돼지를 치게 하였는데

16 그가 돼지 먹는 쥐엄 열매로 배를 채우고자 하되
주는 자가 없는지라

¹⁷이에 스스로 돌이켜 이르되
내 아버지에게는 양식이 풍족한 품꾼이 얼마나 많은가
나는 여기서 주려 죽는구나

¹⁸내가 일어나 아버지께 가서 이르기를
아버지 내가 하늘과 아버지께 죄를 지었사오니

¹⁹지금부터는 아버지의 아들이라 일컬음을
감당하지 못하겠나이다
나를 품꾼의 하나로 보소서 하리라 하고

²⁰이에 일어나서 아버지께로 돌아가니라
아직도 거리가 먼데 아버지가 그를 보고 측은히 여겨
달려가 목을 안고 입을 맞추니

²¹아들이 이르되

아버지 내가 하늘과 아버지께 죄를 지었사오니
지금부터는 아버지의 아들이라 일컬음을
감당하지 못하겠나이다 하나

²²아버지는 종들에게 이르되
제일 좋은 옷을 내어다가 입히고
손에 가락지를 끼우고 발에 신을 신기라

²³그리고 살진 송아지를 끌어다가 잡으라
우리가 먹고 즐기자

²⁴이 내 아들은 죽었다가 다시 살아났으며
내가 잃었다가 다시 얻었노라 하니 그들이 즐거워하더라

²⁵맏아들은 밭에 있다가 돌아와 집에 가까이 왔을 때에
풍악(風樂)과 춤추는 소리를 듣고

²⁶한 종을 불러 이 무슨 일인가 물은대

²⁷대답하되 당신의 동생이 돌아왔으매 당신의 아버지가
건강(健康)한 그를 다시 맞아들이게 됨으로 인하여
살진 송아지를 잡았나이다 하니

²⁸그가 노하여 들어가고자 하지 아니하거늘
아버지가 나와서 권한대

²⁹아버지께 대답하여 이르되
내가 여러 해 아버지를 섬겨 명을 어김이 없거늘

내게는 염소 새끼라도 주어
나와 내 벗으로 즐기게 하신 일이 없더니

³⁰아버지의 살림을 창녀들과 함께 삼켜 버린
이 아들이 돌아오매

이를 위하여 살진 송아지를 잡으셨나이다

³¹아버지가 이르되 얘 너는 항상(恒常) 나와 함께 있으니
내 것이 다 네 것이로되

³²이 네 동생은 죽었다가 살아났으며 내가 잃었다가 얻었기로
우리가 즐거워하고 기뻐하는 것이 마땅하다 하니라

옳지 않은 청지기 비유

16 ¹또한 제자들에게 이르시되
어떤 부자에게 청지기가 있는데

그가 주인의 소유를 낭비한다는 말이
그 주인에게 들린지라

²주인이 그를 불러 이르되
내가 네게 대하여 들은 이 말이 어찌 됨이냐

네가 보던 일을 셈하라
청지기 직무를 계속하지 못하리라 하니

3 청지기가 속으로 이르되
주인이 내 직분을 빼앗으니 내가 무엇을 할까
땅을 파자니 힘이 없고 빌어 먹자니 부끄럽구나

4 내가 할 일을 알았도다
이렇게 하면 직분을 빼앗긴 후에
사람들이 나를 자기 집으로 영접하리라 하고

5 주인에게 빚진 자를 일일이 불러다가
먼저 온 자에게 이르되
네가 내 주인에게 얼마나 빚졌느냐

6 말하되 기름 백 말이니이다 이르되

여기 네 증서를 가지고 빨리 앉아 오십이라 쓰라 하고

7또 다른 이에게 이르되 너는 얼마나 빚졌느냐
이르되 밀 백 석이니이다 이르되
여기 네 증서(證書)를 가지고 팔십이라 쓰라 하였는지라

8주인이 이 옳지 않은 청지기가
일을 지혜 있게 하였으므로 칭찬하였으니

이 세대의 아들들이 자기 시대에 있어서는
빛의 아들들보다 더 지혜로움이니라

9내가 너희에게 말하노니
불의의 재물로 친구를 사귀라

그리하면 그 재물이 없어질 때에
그들이 너희를 영주할 처소(處所)로 영접하리라

¹⁰지극히 작은 것에 충성된 자는 큰 것에도 충성되고
지극히 작은 것에 불의한 자는 큰 것에도 불의하니라

¹¹너희가 만일 불의한 재물에도 충성하지 아니하면
누가 참된 것으로 너희에게 맡기겠느냐

¹²너희가 만일 남의 것에 충성하지 아니하면
누가 너희의 것을 너희에게 주겠느냐

¹³집 하인이 두 주인을 섬길 수 없나니
혹 이를 미워하고 저를 사랑하거나

혹 이를 중히 여기고 저를 경히 여길 것임이니라
너희는 하나님과 재물(財物)을 겸하여 섬길 수 없느니라

율법과 하나님 나라의 복음
¹⁴바리새인들은 돈을 좋아하는 자들이라

이 모든 것을 듣고 비웃거늘

¹⁵예수께서 이르시되
너희는 사람 앞에서 스스로 옳다 하는 자들이나

너희 마음을 하나님께서 아시나니
사람 중에 높임을 받는 그것은
하나님 앞에 미움을 받는 것이니라

¹⁶율법과 선지자는 요한의 때까지요
그 후부터는 하나님 나라의 복음이 전파되어
사람마다 그리로 침입하느니라

¹⁷그러나 율법의 한 획(畫)이 떨어짐보다
천지가 없어짐이 쉬우리라

¹⁸무릇 자기 아내를 버리고

다른 데 장가 드는 자도 간음함이요
무릇 버림당한 여자에게 장가드는 자도 간음함이니라

부자와 거지

19한 부자가 있어 자색 옷과 고운 베옷을 입고
날마다 호화롭게 즐기더라

20그런데 나사로라 이름하는 한 거지가
헌데 투성이로 그의 대문 앞에 버려진 채

21그 부자의 상에서 떨어지는 것으로 배불리려 하매
심지어 개들이 와서 그 헌데를 핥더라

22이에 그 거지가 죽어 천사들에게 받들려
아브라함의 품에 들어가고 부자도 죽어 장사되매

23그가 음부에서 고통(苦痛)중에 눈을 들어

멀리 아브라함과 그의 품에 있는 나사로를 보고

24불러 이르되 아버지 아브라함이여
나를 긍휼히 여기사 나사로를 보내어

그 손가락 끝에 물을 찍어 내 혀를 서늘하게 하소서
내가 이 불꽃 가운데서 괴로워하나이다

25아브라함이 이르되 얘 너는 살았을 때에 좋은 것을 받았고
나사로는 고난을 받았으니 이것을 기억하라
이제 그는 여기서 위로를 받고 너는 괴로움을 받느니라

26그뿐 아니라 너희와 우리 사이에 큰 구렁텅이가 놓여 있어
여기서 너희에게 건너가고자 하되 갈 수 없고
거기서 우리에게 건너올 수도 없게 하였느니라

27이르되 그러면 아버지여 구하노니

나사로를 내 아버지의 집에 보내소서

28 내 형제 다섯이 있으니 그들에게 증언하게 하여
그들로 이 고통 받는 곳에 오지 않게 하소서

29 아브라함이 이르되 그들에게 모세와 선지자들이 있으니
그들에게 들을지니라

30 이르되 그렇지 아니하니이다 아버지 아브라함이여
만일 죽은 자에게서 그들에게 가는 자가 있으면
회개하리이다

31 이르되 모세와 선지자들에게 듣지 아니하면
비록 죽은 자 가운데서 살아나는 자가 있을지라도
권함을 받지 아니하리라 하였다 하시니라

용서, 믿음, 종이 할 일

17

¹예수께서 제자들에게 이르시되
실족(失足)하게 하는 것이 없을 수는 없으나
그렇게 하게 하는 자에게는 화로다

²그가 이 작은 자 중의 하나를 실족하게 할진대
차라리 연자맷돌이 그 목에 매여
바다에 던져지는 것이 나으리라

³너희는 스스로 조심하라 만일 네 형제가
죄를 범하거든 경고하고 회개하거든 용서하라

⁴만일 하루에 일곱 번이라도 네게 죄를 짓고
일곱 번 네게 돌아와 내가 회개하노라 하거든
너는 용서(容恕)하라 하시더라

⁵사도들이 주께 여짜오되 우리에게 믿음을 더하소서 하니

⁶주께서 이르시되
너희에게 겨자씨 한 알만한 믿음이 있었더라면

이 뽕나무더러 뿌리가 뽑혀 바다에 심기어라 하였을 것이요
그것이 너희에게 순종(順從)하였으리라

⁷너희 중 누구에게
밭을 갈거나 양을 치거나 하는 종이 있어

밭에서 돌아오면 그더러 곧 와 앉아서
먹으라 말할 자가 있느냐

⁸도리어 그더러 내 먹을 것을 준비하고 띠를 띠고
내가 먹고 마시는 동안에 수종들고
너는 그 후에 먹고 마시라 하지 않겠느냐

⁹명한 대로 하였다고 종에게 감사하겠느냐

¹⁰이와 같이 너희도 명령 받은 것을 다 행한 후에 이르기를
우리는 무익한 종이라
우리가 하여야 할 일을 한 것뿐이라 할지니라

나병환자 열 명이 깨끗함을 받다

¹¹예수께서 예루살렘으로 가실 때에
사마리아와 갈릴리 사이로 지나가시다가

¹²한 마을에 들어가시니
나병환자 열 명이 예수를 만나 멀리 서서

¹³소리를 높여 이르되 예수 선생님이여
우리를 불쌍히 여기소서 하거늘

¹⁴보시고 이르시되
가서 제사장들에게 너희 몸을 보이라 하셨더니

그들이 가다가 깨끗함을 받은지라

¹⁵그 중의 한 사람이 자기가 나은 것을 보고
큰 소리로 하나님께 영광(榮光)을 돌리며 돌아와

¹⁶예수의 발 아래에 엎드리어 감사하니
그는 사마리아 사람이라

¹⁷예수께서 대답하여 이르시되
열 사람이 다 깨끗함을 받지 아니하였느냐
그 아홉은 어디 있느냐

¹⁸이 이방인 외에는 하나님께 영광을 돌리러
돌아온 자가 없느냐 하시고

¹⁹그에게 이르시되 일어나 가라
네 믿음이 너를 구원(救援)하였느니라 하시더라

하나님의 나라는 너희 안에 있다

²⁰바리새인들이 하나님의 나라가 어느 때에 임하나이까 묻거늘
예수께서 대답하여 이르시되
하나님의 나라는 볼 수 있게 임하는 것이 아니요

²¹또 여기 있다 저기 있다고도 못하리니
하나님의 나라는 너희 안에 있느니라

²²또 제자들에게 이르시되 때가 이르리니
너희가 인자의 날 하루를 보고자 하되 보지 못하리라

²³사람이 너희에게 말하되
보라 저기 있다 보라 여기 있다 하리라
그러나 너희는 가지도 말고 따르지도 말라

²⁴번개가 하늘 아래 이쪽에서 번쩍이어

하늘 아래 저쪽까지 비침같이 인자도 자기 날에 그러하리라

²⁵그러나 그가 먼저 많은 고난을 받으며
이 세대에게 버린 바 되어야 할지니라

²⁶노아의 때에 된 것과 같이 인자의 때에도 그러하리라

²⁷노아가 방주에 들어가던 날까지
사람들이 먹고 마시고 장가 들고 시집 가더니
홍수(洪水)가 나서 그들을 다 멸망시켰으며

²⁸또 롯의 때와 같으리니
사람들이 먹고 마시고 사고 팔고 심고 집을 짓더니

²⁹롯이 소돔에서 나가던 날에 하늘로부터
불과 유황이 비오듯 하여 그들을 멸망시켰느니라

³⁰인자가 나타나는 날에도 이러하리라

31그 날에 만일 사람이 지붕 위에 있고
그의 세간이 그 집 안에 있으면

그것을 가지러 내려가지 말 것이요
밭에 있는 자도 그와 같이 뒤로 돌이키지 말 것이니라

32롯의 처(妻)를 기억하라

33무릇 자기 목숨을 보전(保存)하고자 하는 자는
잃을 것이요 잃는 자는 살리리라

34내가 너희에게 이르노니
그 밤에 둘이 한 자리에 누워 있으매
하나는 데려감을 얻고 하나는 버려둠을 당할 것이요

35두 여자가 함께 맷돌을 갈고 있으매
하나는 데려감을 얻고 하나는 버려둠을 당할 것이니라

³⁶(없음)

³⁷그들이 대답(對答)하여 이르되 주여 어디오니이까
이르시되 주검 있는 곳에는 독수리가 모이느니라 하시니라

과부와 재판장 비유

18 ¹예수께서 그들에게 항상 기도하고
낙심하지 말아야 할 것을 비유로 말씀하여

²이르시되 어떤 도시에 하나님을 두려워하지 않고
사람을 무시하는 한 재판장이 있는데

³그 도시에 한 과부가 있어 자주 그에게 가서
내 원수에 대한 나의 원한을 풀어 주소서 하되

⁴그가 얼마 동안 듣지 아니하다가 후에 속으로 생각하되
내가 하나님을 두려워하지 않고 사람을 무시하나

5이 과부가 나를 번거롭게 하니 내가 그 원한을 풀어 주리라
그렇지 않으면 늘 와서 나를 괴롭게 하리라 하였느니라

6주께서 또 이르시되 불의한 재판장이 말한 것을 들으라

7하물며 하나님께서 그 밤낮 부르짖는 택하신 자들의 원한을
풀어 주지 아니하시겠느냐 그들에게 오래 참으시겠느냐

8내가 너희에게 이르노니 속히 그 원한을 풀어 주시리라
그러나 인자가 올 때에 세상에서 믿음을 보겠느냐 하시니라

바리새인과 세리 비유

9또 자기를 의롭다고 믿고 다른 사람을 멸시하는 자들에게
이 비유로 말씀하시되

10두 사람이 기도하러 성전에 올라가니
하나는 바리새인이요 하나는 세리라

11바리새인은 서서 따로 기도하여 이르되
하나님이여 나는 다른 사람들 곧 토색, 불의,

간음을 하는 자들과 같지 아니하고
이 세리와도 같지 아니함을 감사하나이다

12나는 이레에 두 번씩 금식(禁食)하고
또 소득의 십일조를 드리나이다 하고

13세리는 멀리 서서 감히 눈을 들어
하늘을 쳐다보지도 못하고 다만 가슴을 치며 이르되

하나님이여 불쌍히 여기소서
나는 죄인이로소이다 하였느니라

14내가 너희에게 이르노니 이에 저 바리새인이 아니고
이 사람이 의롭다 하심을 받고 그의 집으로 내려갔느니라

무릇 자기를 높이는 자는 낮아지고
자기를 낮추는 자는 높아지리라 하시니라

어린 아이들을 금하지 말라

15 사람들이 예수께서 만져 주심을 바라고
자기 어린 아기를 데리고 오매 제자들이 보고 꾸짖거늘

16 예수께서 그 어린 아이들을 불러 가까이 하시고 이르시되
어린 아이들이 내게 오는 것을 용납하고 금하지 말라
하나님의 나라가 이런 자의 것이니라

17 내가 진실로 너희에게 이르노니 누구든지
하나님의 나라를 어린 아이와 같이 받아들이지 않는 자는
결단코 거기 들어가지 못하리라 하시니라

부자 관리

¹⁸어떤 관리가 물어 이르되 선한 선생님이여
내가 무엇을 하여야 영생을 얻으리이까

¹⁹예수께서 이르시되 네가 어찌하여 나를 선하다 일컫느냐
하나님 한 분 외에는 선한 이가 없느니라

²⁰네가 계명(誡命)을 아나니 간음하지 말라, 살인하지 말라,
도둑질하지 말라, 거짓 증언 하지 말라,
네 부모를 공경하라 하였느니라

²¹여짜오되 이것은 내가 어려서부터 다 지키었나이다

²²예수께서 이 말을 들으시고 이르시되
네게 아직도 한 가지 부족한 것이 있으니

네게 있는 것을 다 팔아 가난한 자들에게 나눠 주라
그리하면 하늘에서 네게 보화가 있으리라

그리고 와서 나를 따르라 하시니

23 그 사람이 큰 부자이므로
이 말씀을 듣고 심히 근심하더라

24 예수께서 그를 보시고 이르시되
재물이 있는 자는 하나님의 나라에 들어가기가
얼마나 어려운지

25 낙타가 바늘귀로 들어가는 것이
부자가 하나님의 나라에 들어가는 것보다 쉬우니라 하시니

26 듣는 자들이 이르되
그런즉 누가 구원을 얻을 수 있나이까

27 이르시되 무릇 사람이 할 수 없는 것을
하나님은 하실 수 있느니라

²⁸베드로가 여짜오되 보옵소서
우리가 우리의 것을 다 버리고 주를 따랐나이다

²⁹이르시되 내가 진실로 너희에게 이르노니
하나님의 나라를 위하여 집이나 아내나
형제나 부모나 자녀를 버린 자는

³⁰현세(現世)에 여러 배를 받고
내세에 영생을 받지 못할 자가 없느니라 하시니라

죽음과 부활을 다시 이르시다

³¹예수께서 열두 제자를 데리시고 이르시되
보라 우리가 예루살렘으로 올라가노니
선지자들을 통하여 기록된 모든 것이 인자에게 응하리라

³²인자가 이방인들에게 넘겨져 희롱을 당하고

능욕을 당하고 침 뱉음을 당하겠으며

33 그들은 채찍질하고 그를 죽일 것이나
그는 삼 일 만에 살아나리라 하시되

34 제자들이 이것을 하나도 깨닫지 못하였으니
그 말씀이 감취었으므로
그들이 그 이르신 바를 알지 못하였더라

맹인을 고치시다

35 여리고에 가까이 가셨을 때에
한 맹인이 길 가에 앉아 구걸(求乞)하다가

36 무리가 지나감을 듣고 이 무슨 일이냐고 물은대

37 그들이 나사렛 예수께서 지나가신다 하니

38 맹인이 외쳐 이르되 다윗의 자손 예수여

나를 불쌍히 여기소서 하거늘

³⁹앞서 가는 자들이 그를 꾸짖어 잠잠하라 하되
그가 더욱 크게 소리 질러 다윗의 자손이여
나를 불쌍히 여기소서 하는지라

⁴⁰예수께서 머물러 서서 명하여 데려오라 하셨더니
그가 가까이 오매 물어 이르시되

⁴¹네게 무엇을 하여 주기를 원하느냐
이르되 주여 보기를 원하나이다

⁴²예수께서 그에게 이르시되
보라 네 믿음이 너를 구원하였느니라 하시매

⁴³곧 보게 되어 하나님께 영광을 돌리며 예수를 따르니
백성이 다 이를 보고 하나님을 찬양하니라

예수와 삭개오

19 ¹예수께서 여리고로 들어가 지나가시더라

²삭개오라 이름하는 자가 있으니 세리장이요 또한 부자라

³그가 예수께서 어떠한 사람인가 하여 보고자 하되
키가 작고 사람이 많아 할 수 없어

⁴앞으로 달려가서 보기 위하여 돌무화과나무에 올라가니
이는 예수께서 그리로 지나가시게 됨이러라

⁵예수께서 그 곳에 이르사 쳐다 보시고 이르시되
삭개오야 속히 내려오라
내가 오늘 네 집에 유하여야 하겠다 하시니

⁶급히 내려와 즐거워하며 영접하거늘

⁷뭇 사람이 보고 수군거려 이르되

저가 죄인의 집에 유하러 들어갔도다 하더라

8삭개오가 서서 주께 여짜오되 주여 보시옵소서
내 소유의 절반을 가난한 자들에게 주겠사오며

만일 누구의 것을 속여 빼앗은 일이 있으면
네 갑절이나 갚겠나이다

9예수께서 이르시되 오늘 구원이 이 집에 이르렀으니
이 사람도 아브라함의 자손임이로다

10인자가 온 것은 잃어버린 자를 찾아 구원하려 함이니라

은 열 므나 비유

11그들이 이 말씀을 듣고 있을 때에
비유를 더하여 말씀하시니
이는 자기가 예루살렘에 가까이 오셨고

그들은 하나님의 나라가 당장에 나타날 줄로 생각함이더라

12이르시되 어떤 귀인이 왕위를 받아가지고 오려고
면 나라로 갈 때에

13그 종 열을 불러 은화 열 므나를 주며 이르되
내가 돌아올 때까지 장사하라 하니라

14그런데 그 백성이 그를 미워하여
사자를 뒤로 보내어 이르되

우리는 이 사람이 우리의 왕 됨을
원하지 아니하나이다 하였더라

15귀인이 왕위를 받아가지고 돌아와서
은화를 준 종들이 각각 어떻게 장사하였는지를
알고자 하여 그들을 부르니

¹⁶그 첫째가 나아와 이르되 주인이여
당신의 한 므나로 열 므나를 남겼나이다

¹⁷주인이 이르되 잘하였다 착한 종이여
네가 지극히 작은 것에 충성하였으니
열 고을 권세를 차지하라 하고

¹⁸그 둘째가 와서 이르되 주인이여
당신의 한 므나로 다섯 므나를 만들었나이다

¹⁹주인이 그에게도 이르되
너도 다섯 고을을 차지하라 하고

²⁰또 한 사람이 와서 이르되
주인이여 보소서 당신의 한 므나가 여기 있나이다
내가 수건으로 싸 두었었나이다

²¹이는 당신이 엄한 사람인 것을 내가 무서워함이라
당신은 두지 않은 것을 취하고 심지 않은 것을 거두나이다

²²주인이 이르되 악한 종아 내가 네 말로 너를 심판하노니
너는 내가 두지 않은 것을 취하고
심지 않은 것을 거두는 엄한 사람인 줄로 알았느냐

²³그러면 어찌하여 내 돈을
은행(銀行)에 맡기지 아니하였느냐

그리하였으면 내가 와서 그 이자와 함께
그 돈을 찾았으리라 하고

²⁴곁에 섰는 자들에게 이르되
그 한 므나를 빼앗아 열 므나 있는 자에게 주라 하니

²⁵그들이 이르되 주여 그에게 이미 열 므나가 있나이다

²⁶주인이 이르되 내가 너희에게 말하노니
  무릇 있는 자는 받겠고
  없는 자는 그 있는 것도 빼앗기리라

²⁷그리고 내가 왕 됨을 원하지 아니하던 저 원수들을
  이리로 끌어다가 내 앞에서 죽이라 하였느니라

예루살렘을 향하여 가시다

²⁸예수께서 이 말씀을 하시고
  예루살렘을 향하여 앞서서 가시더라

²⁹감람원이라 불리는 산 쪽에 있는
  벳바게와 베다니에 가까이 가셨을 때에
  제자 중 둘을 보내시며

³⁰이르시되 너희는 맞은편 마을로 가라

그리로 들어가면 아직 아무도 타 보지 않은
나귀 새끼가 매여 있는 것을 보리니 풀어 끌고 오라

³¹만일 누가 너희에게 어찌하여 푸느냐 묻거든
말하기를 주가 쓰시겠다 하라 하시매

³²보내심을 받은 자들이 가서 그 말씀하신 대로 만난지라

³³나귀 새끼를 풀 때에 그 임자들이 이르되
어찌하여 나귀 새끼를 푸느냐

³⁴대답하되 주께서 쓰시겠다 하고

³⁵그것을 예수께로 끌고 와서
자기들의 겉옷을 나귀 새끼 위에 걸쳐 놓고
예수를 태우니

³⁶가실 때에 그들이 자기의 겉옷을 길에 펴더라

³⁷이미 감람 산 내리막길에 가까이 오시매
제자의 온 무리가 자기들이 본 바

모든 능한 일로 인하여 기뻐하며
큰 소리로 하나님을 찬양하여

³⁸이르되 찬송하리로다 주의 이름으로 오시는 왕이여
하늘에는 평화요 가장 높은 곳에는 영광이로다 하니

³⁹무리 중 어떤 바리새인들이 말하되
선생이여 당신의 제자들을 책망하소서 하거늘

⁴⁰대답하여 이르시되 내가 너희에게 말하노니
만일 이 사람들이 침묵하면 돌들이 소리 지르리라 하시니라

⁴¹가까이 오사 성을 보시고 우시며

⁴²이르시되 너도 오늘 평화에 관한 일을 알았더라면

좋을 뻔하였거니와 지금 네 눈에 숨겨졌도다

43날이 이를지라 네 원수들이 토둔을 쌓고
너를 둘러 사면으로 가두고

44또 너와 및 그 가운데 있는 네 자식들을 땅에 메어치며
돌 하나도 돌 위에 남기지 아니하리니

이는 네가 보살핌 받는 날을 알지 못함을 인함이니라
하시니라

성전에 들어가신 예수

45성전에 들어가사 장사하는 자들을 내쫓으시며

46그들에게 이르시되 기록된 바
내 집은 기도하는 집이 되리라 하였거늘
너희는 강도의 소굴을 만들었도다 하시니라

47예수께서 날마다 성전에서 가르치시니
대제사장들과 서기관들과 백성의 지도자들이
그를 죽이려고 꾀하되

48백성이 다 그에게 귀를 기울여 들으므로
어찌할 방도(方道)를 찾지 못하였더라

예수의 권위를 두고 말하다

20 1하루는 예수께서 성전에서 백성을 가르치시며
복음을 전하실새 대제사장들과 서기관들이
장로들과 함께 가까이 와서

2말하여 이르되 당신이 무슨 권위로 이런 일을 하는지
이 권위를 준 이가 누구인지 우리에게 말하라

3대답하여 이르시되

나도 한 말을 너희에게 물으리니 내게 말하라

⁴요한의 세례가 하늘로부터냐 사람으로부터냐

⁵그들이 서로 의논하여 이르되
만일 하늘로부터라 하면
어찌하여 그를 믿지 아니하였느냐 할 것이요

⁶만일 사람으로부터라 하면
백성이 요한을 선지자로 인정하니
그들이 다 우리를 돌로 칠 것이라 하고

⁷대답하되 어디로부터인지 알지 못하노라 하니

⁸예수께서 이르시되 나도 무슨 권위로 이런 일을 하는지
너희에게 이르지 아니하리라 하시니라

포도원 농부 비유

⁹그가 또 이 비유로 백성에게 말씀하시기 시작하시니라
한 사람이 포도원을 만들어 농부(農夫)들에게 세로 주고
타국에 가서 오래 있다가

¹⁰때가 이르매 포도원 소출(所出) 얼마를 바치게 하려고
한 종을 농부들에게 보내니
농부들이 종을 몹시 때리고 거저 보내었거늘

¹¹다시 다른 종을 보내니
그도 몹시 때리고 능욕하고 거저 보내었거늘

¹²다시 세 번째 종을 보내니
이 종도 상하게 하고 내쫓은지라

¹³포도원 주인이 이르되 어찌할까
내 사랑하는 아들을 보내리니

그들이 혹 그는 존대하리라 하였더니

14농부들이 그를 보고 서로 의논하여 이르되
이는 상속자니 죽이고
그 유산을 우리의 것으로 만들자 하고

15포도원 밖에 내쫓아 죽였느니라
그런즉 포도원 주인이 이 사람들을 어떻게 하겠느냐

16와서 그 농부들을 진멸하고
포도원을 다른 사람들에게 주리라 하시니

사람들이 듣고 이르되
그렇게 되지 말아지이다 하거늘

17그들을 보시며 이르시되
그러면 기록된 바 건축자(建築者)들의 버린 돌이

모퉁이의 머릿돌이 되었느니라 함이 어찜이냐

18 무릇 이 돌 위에 떨어지는 자는 깨어지겠고
이 돌이 사람 위에 떨어지면
그를 가루로 만들어 흩으리라 하시니라

가이사에게 세를 바치는 것

19 서기관들과 대제사장들이 예수의 이 비유는
자기들을 가리켜 말씀하심인 줄 알고 즉시 잡고자 하되
백성을 두려워하더라

20 이에 그들이 엿보다가
예수를 총독의 다스림과 권세 아래에 넘기려 하여

정탐들을 보내어 그들로 스스로 의인인 체하며
예수의 말을 책잡게 하니

²¹그들이 물어 이르되 선생님이여
우리가 아노니 당신은 바로 말씀하시고 가르치시며

사람을 외모로 취하지 아니하시고
오직 진리로써 하나님의 도를 가르치시나이다

²²우리가 가이사에게 세를 바치는 것이 옳으니이까
옳지 않으니이까 하니

²³예수께서 그 간계를 아시고 이르시되

²⁴데나리온 하나를 내게 보이라
누구의 형상과 글이 여기 있느냐
대답하되 가이사의 것이니이다

²⁵이르시되 그런즉 가이사의 것은 가이사에게,
하나님의 것은 하나님께 바치라 하시니

²⁶그들이 백성 앞에서 그의 말을 능히 책잡지 못하고
그의 대답을 놀랍게 여겨 침묵하니라

부활 논쟁

²⁷부활(復活)이 없다고 주장하는
사두개인 중 어떤 이들이 와서

²⁸물어 이르되 선생님이여 모세가 우리에게 써 주기를
만일 어떤 사람의 형이 아내를 두고 자식이 없이 죽으면

그 동생이 그 아내를 취하여
형을 위하여 상속자를 세울지니라 하였나이다

²⁹그런데 칠 형제가 있었는데
맏이가 아내를 취하였다가 자식(子息)이 없이 죽고

³⁰그 둘째와 셋째가 그를 취하고

³¹일곱이 다 그와 같이 자식이 없이 죽고

³²그 후에 여자도 죽었나이다

³³일곱이 다 그를 아내로 취하였으니
부활 때에 그 중에 누구의 아내가 되리이까

³⁴예수께서 이르시되
이 세상의 자녀들은 장가도 가고 시집도 가되

³⁵저 세상과 및 죽은 자 가운데서
부활함을 얻기에 합당히 여김을 받은 자들은
장가 가고 시집 가는 일이 없으며

³⁶그들은 다시 죽을 수도 없나니 이는 천사와 동등이요
부활의 자녀로서 하나님의 자녀임이라

³⁷죽은 자가 살아난다는 것은

모세도 가시나무 떨기에 관한 글에서
주를 아브라함의 하나님이요 이삭의 하나님이요
야곱의 하나님이시라 칭하였나니

---

38 하나님은 죽은 자의 하나님이 아니요
살아 있는 자의 하나님이시라
하나님에게는 모든 사람이 살았느니라 하시니

---

39 서기관 중 어떤 이들이 말하되
선생님 잘 말씀하셨나이다 하니

---

40 그들은 아무 것도 감히 더 물을 수 없음이더라

그리스도와 다윗의 자손
41 예수께서 그들에게 이르시되
사람들이 어찌하여 그리스도를 다윗의 자손이라 하느냐

⁴²시편에 다윗이 친히 말하였으되
주께서 내 주께 이르시되

⁴³내가 네 원수를 네 발등상으로 삼을 때까지
내 우편에 앉았으라 하셨도다 하였느니라

⁴⁴그런즉 다윗이 그리스도를 주라 칭하였으니
어찌 그의 자손이 되겠느냐 하시니라

서기관들을 삼가라

⁴⁵모든 백성이 들을 때에 예수께서 그 제자들에게 이르시되

⁴⁶긴 옷을 입고 다니는 것을 원하며
시장에서 문안 받는 것과 회당의 높은 자리와
잔치의 윗자리를 좋아하는 서기관들을 삼가라

⁴⁷그들은 과부의 가산을 삼키며 외식으로 길게 기도하니

그들이 더 엄중한 심판을 받으리라 하시니라

가난한 과부의 헌금

21 ^{1}예수께서 눈을 들어 부자들이
헌금함에 헌금 넣는 것을 보시고

^{2}또 어떤 가난한 과부가 두 렙돈 넣는 것을 보시고

^{3}이르시되 내가 참으로 너희에게 말하노니
이 가난한 과부가 다른 모든 사람보다 많이 넣었도다

^{4}저들은 그 풍족한 중에서 헌금을 넣었거니와
이 과부는 그 가난한 중에서 자기가 가지고 있는
생활비 전부를 넣었느니라 하시니라

성전이 무너뜨려질 것을 이르시다

^{5}어떤 사람들이 성전을 가리켜

그 아름다운 돌과 헌물로 꾸민 것을 말하매
예수께서 이르시되

6 너희 보는 이것들이 날이 이르면
돌 하나도 돌 위에 남지 않고 다 무너뜨려지리라

7 그들이 물어 이르되 선생님이여
그러면 어느 때에 이런 일이 있겠사오며
이런 일이 일어나려 할 때에 무슨 징조가 있사오리이까

8 이르시되 미혹을 받지 않도록 주의하라
많은 사람이 내 이름으로 와서 이르되

내가 그라 하며 때가 가까이 왔다 하겠으나
그들을 따르지 말라

9 난리와 소요의 소문을 들을 때에 두려워하지 말라

이 일이 먼저 있어야 하되 끝은 곧 되지 아니하리라

환난의 징조

¹⁰또 이르시되 민족이 민족을,
나라가 나라를 대적하여 일어나겠고

¹¹곳곳에 큰 지진과 기근과 전염병이 있겠고
또 무서운 일과 하늘로부터 큰 징조들이 있으리라

¹²이 모든 일 전에 내 이름으로 말미암아
너희에게 손을 대어 박해하며 회당과 옥에 넘겨 주며
임금들과 집권자들 앞에 끌어 가려니와

¹³이 일이 도리어 너희에게 증거가 되리라

¹⁴그러므로 너희는 변명할 것을
미리 궁리하지 않도록 명심하라

15내가 너희의 모든 대적이 능히 대항하거나
변박할 수 없는 구변과 지혜를 너희에게 주리라

16심지어 부모와 형제와 친척과 벗이 너희를 넘겨 주어
너희 중의 몇을 죽이게 하겠고

17또 너희가 내 이름으로 말미암아
모든 사람에게 미움을 받을 것이나

18너희 머리털 하나도 상하지 아니하리라

19너희의 인내(忍耐)로 너희 영혼을 얻으리라

예루살렘의 환난과 인자의 오심

20너희가 예루살렘이 군대들에게 에워싸이는 것을 보거든
그 멸망이 가까운 줄을 알라

21그 때에 유대에 있는 자들은 산으로 도망갈 것이며

성내에 있는 자들은 나갈 것이며
촌에 있는 자들은 그리로 들어가지 말지어다

22이 날들은 기록된 모든 것을 이루는 징벌의 날이니라

23그 날에는
아이 밴 자들과 젖먹이는 자들에게 화가 있으리니
이는 땅에 큰 환난과 이 백성에게 진노가 있겠음이로다

24그들이 칼날에 죽임을 당하며
모든 이방에 사로잡혀 가겠고

예루살렘은 이방인의 때가 차기까지
이방인들에게 밟히리라

25일월 성신에는 징조가 있겠고
땅에서는 민족들이 바다와 파도의 성난 소리로 인하여

혼란한 중에 곤고하리라

26 사람들이 세상에 임할 일을 생각하고
무서워하므로 기절하리니
이는 하늘의 권능들이 흔들리겠음이라

27 그 때에 사람들이 인자가 구름을 타고
능력(能力)과 큰 영광으로 오는 것을 보리라

28 이런 일이 되기를 시작하거든 일어나 머리를 들라
너희 속량이 가까웠느니라 하시더라

무화과나무에서 배울 교훈

29 이에 비유로 이르시되 무화과나무와 모든 나무를 보라

30 싹이 나면 너희가 보고 여름이 가까운 줄을 자연히 아나니

31 이와 같이 너희가 이런 일이 일어나는 것을 보거든

하나님의 나라가 가까이 온 줄을 알라

32내가 진실로 너희에게 말하노니
이 세대가 지나가기 전에 모든 일이 다 이루어지리라

33천지는 없어지겠으나 내 말은 없어지지 아니하리라

항상 기도하며 깨어 있으라
34너희는 스스로 조심하라
그렇지 않으면 방탕함과 술취함과

생활의 염려로 마음이 둔하여지고
뜻밖에 그 날이 덫과 같이 너희에게 임하리라

35이 날은 온 지구상(地球上)에 거하는 모든 사람에게 임하리라

36이러므로 너희는 장차 올 이 모든 일을 능히 피하고
인자 앞에 서도록 항상 기도하며 깨어 있으라 하시니라

³⁷예수께서 낮에는 성전에서 가르치시고
밤에는 나가 감람원이라 하는 산에서 쉬시니

³⁸모든 백성이 그 말씀을 들으려고
이른 아침에 성전에 나아가더라

유다가 배반하다

22 ¹유월절이라 하는 무교절이 다가오매

²대제사장들과 서기관들이
예수를 무슨 방도로 죽일까 궁리하니
이는 그들이 백성을 두려워함이더라

³열둘 중의 하나인 가룟인이라 부르는 유다에게
사탄이 들어가니

⁴이에 유다가 대제사장들과 성전 경비대장들에게 가서

예수를 넘겨 줄 방도를 의논하매

5 그들이 기뻐하여 돈을 주기로 언약하는지라

6 유다가 허락하고 예수를 무리가 없을 때에
넘겨 줄 기회를 찾더라

유월절을 준비하다

7 유월절 양을 잡을 무교절날이 이른지라

8 예수께서 베드로와 요한을 보내시며 이르시되
가서 우리를 위하여 유월절을 준비하여 우리로 먹게 하라

9 여짜오되 어디서 준비하기를 원하시나이까

10 이르시되 보라 너희가 성내로 들어가면
물 한 동이를 가지고 가는 사람을 만나리니
그가 들어가는 집으로 따라 들어가서

¹¹그 집 주인에게 이르되 선생님이 네게 하는 말씀이
내가 내 제자들과 함께 유월절을 먹을 객실(客室)이
어디 있느냐 하시더라 하라

¹²그리하면 그가 자리를 마련한 큰 다락방을 보이리니
거기서 준비하라 하시니

¹³그들이 나가 그 하신 말씀대로 만나 유월절을 준비하니라

마지막 만찬

¹⁴때가 이르매 예수께서 사도들과 함께 앉으사

¹⁵이르시되 내가 고난을 받기 전에 너희와 함께
이 유월절 먹기를 원하고 원하였노라

¹⁶내가 너희에게 이르노니
이 유월절이 하나님의 나라에서 이루기까지

다시 먹지 아니하리라 하시고

[17]이에 잔을 받으사 감사 기도 하시고 이르시되
이것을 갖다가 너희끼리 나누라

[18]내가 너희에게 이르노니
내가 이제부터 하나님의 나라가 임할 때까지
포도나무에서 난 것을 다시 마시지 아니하리라 하시고

[19]또 떡을 가져 감사 기도 하시고
떼어 그들에게 주시며 이르시되

이것은 너희를 위하여 주는 내 몸이라
너희가 이를 행하여 나를 기념하라 하시고

[20]저녁 먹은 후에 잔도 그와 같이 하여 이르시되
이 잔은 내 피로 세우는 새 언약(言約)이니

곧 너희를 위하여 붓는 것이라

21 그러나 보라 나를 파는 자의 손이
나와 함께 상 위에 있도다

22 인자는 이미 작정(作定)된 대로 가거니와
그를 파는 그 사람에게는 화가 있으리로다 하시니

23 그들이 서로 묻되
우리 중에서 이 일을 행할 자가 누구일까 하더라

베드로가 부인할 것을 이르시다

24 또 그들 사이에 그 중 누가 크냐 하는 다툼이 난지라

25 예수께서 이르시되 이방인의 임금들은 그들을 주관하며
그 집권자들은 은인이라 칭함을 받으나

26 너희는 그렇지 않을지니

너희 중에 큰 자는 젊은 자와 같고
다스리는 자는 섬기는 자와 같을지니라

27앉아서 먹는 자가 크냐 섬기는 자가 크냐
앉아서 먹는 자가 아니냐
그러나 나는 섬기는 자로 너희 중에 있노라

28너희는 나의 모든 시험 중에 항상 나와 함께 한 자들인즉

29내 아버지께서 나라를 내게 맡기신 것 같이
나도 너희에게 맡겨

30너희로 내 나라에 있어 내 상에서 먹고 마시며
또는 보좌에 앉아 이스라엘 열두 지파를
다스리게 하려 하노라

31시몬아, 시몬아, 보라

사탄이 너희를 밀 까부르듯 하려고 요구하였으나

32 그러나 내가 너를 위하여
네 믿음이 떨어지지 않기를 기도하였노니
너는 돌이킨 후에 네 형제를 굳게 하라

33 그가 말하되 주여 내가 주와 함께 옥에도,
죽는 데에도 가기를 각오하였나이다

34 이르시되 베드로야 내가 네게 말하노니
오늘 닭 울기 전에 네가 세 번 나를 모른다고
부인(否認)하리라 하시니라

전대와 배낭과 검
35 그들에게 이르시되 내가 너희를
전대와 배낭과 신발도 없이 보내었을 때에

부족한 것이 있더냐 이르되 없었나이다

³⁶이르시되 이제는 전대 있는 자는 가질 것이요
배낭도 그리하고 검 없는 자는 겉옷을 팔아 살지어다

³⁷내가 너희에게 말하노니 기록된 바
그는 불법자의 동류로 여김을 받았다 한 말이

내게 이루어져야 하리니
내게 관한 일이 이루어져 감이니라

³⁸그들이 여짜오되 주여 보소서 여기 검 둘이 있나이다
대답하시되 족하다 하시니라

감람 산에서 기도하시다

³⁹예수께서 나가사 습관(習慣)을 따라 감람 산에 가시매
제자들도 따라갔더니

⁴⁰그 곳에 이르러 그들에게 이르시되
유혹에 빠지지 않게 기도하라 하시고

⁴¹그들을 떠나 돌 던질 만큼 가서 무릎을 꿇고 기도하여

⁴²이르시되 아버지여
만일 아버지의 뜻이거든 이 잔을 내게서 옮기시옵소서

그러나 내 원대로 마시옵고
아버지의 원대로 되기를 원하나이다 하시니

⁴³천사가 하늘로부터 예수께 나타나 힘을 더하더라

⁴⁴예수께서 힘쓰고 애써 더욱 간절히 기도하시니
땀이 땅에 떨어지는 핏방울 같이 되더라

⁴⁵기도 후에 일어나 제자(弟子)들에게 가서
슬픔으로 인하여 잠든 것을 보시고

⁴⁶이르시되 어찌하여 자느냐
시험에 들지 않게 일어나 기도하라 하시니라

잡히시다

⁴⁷말씀하실 때에 한 무리가 오는데
열둘 중의 하나인 유다라 하는 자가 그들을 앞장서 와서

⁴⁸예수께 입을 맞추려고 가까이 하는지라
예수께서 이르시되
유다야 네가 입맞춤으로 인자를 파느냐 하시니

⁴⁹그의 주위 사람들이 그 된 일을 보고 여짜오되
주여 우리가 칼로 치리이까 하고

⁵⁰그 중의 한 사람이 대제사장의 종을 쳐
그 오른쪽 귀를 떨어뜨린지라

⁵¹예수께서 일러 이르시되 이것까지 참으라 하시고
그 귀를 만져 낫게 하시더라

⁵²예수께서 그 잡으러 온 대제사장들과
성전의 경비대장들과 장로들에게 이르시되
너희가 강도를 잡는 것 같이 검과 몽치를 가지고 나왔느냐

⁵³내가 날마다 너희와 함께 성전에 있을 때에
내게 손을 대지 아니하였도다
그러나 이제는 너희 때요 어둠의 권세로다 하시더라

베드로가 예수를 모른다고 하다

⁵⁴예수를 잡아 끌고 대제사장의 집으로 들어갈새
베드로가 멀찍이 따라가니라

⁵⁵사람들이 뜰 가운데 불을 피우고 함께 앉았는지라

베드로도 그 가운데 앉았더니

⁵⁶한 여종이 베드로의 불빛을 향하여 앉은 것을 보고
주목하여 이르되 이 사람도 그와 함께 있었느니라 하니

⁵⁷베드로가 부인하여 이르되
이 여자여 내가 그를 알지 못하노라 하더라

⁵⁸조금 후에 다른 사람이 보고 이르되
너도 그 도당이라 하거늘
베드로가 이르되 이 사람아 나는 아니로라 하더라

⁵⁹한 시간쯤 있다가 또 한 사람이 장담하여 이르되
이는 갈릴리 사람이니 참으로 그와 함께 있었느니라

⁶⁰베드로가 이르되 이 사람아
나는 네가 하는 말을 알지 못하노라고

아직 말하고 있을 때에 닭이 곧 울더라

⁶¹주께서 돌이켜 베드로를 보시니
베드로가 주의 말씀 곧 오늘 닭 울기 전에
네가 세 번 나를 부인하리라 하심이 생각나서

⁶²밖에 나가서 심히 통곡하니라

예수를 희롱하고 때리다

⁶³지키는 사람들이 예수를 희롱하고 때리며

⁶⁴그의 눈을 가리고 물어 이르되 선지자 노릇 하라
너를 친 자가 누구냐 하고

⁶⁵이 외에도 많은 말로 욕하더라

공회 앞에 서시다

⁶⁶날이 새매 백성의 장로들 곧 대제사장들과

서기관들이 모여서 예수를 그 공회로 끌어들여

⁶⁷이르되 네가 그리스도이거든 우리에게 말하라
대답하시되 내가 말할지라도 너희가 믿지 아니할 것이요

⁶⁸내가 물어도 너희가 대답하지 아니할 것이니라

⁶⁹그러나 이제부터는 인자가
하나님의 권능의 우편에 앉아 있으리라 하시니

⁷⁰다 이르되 그러면 네가 하나님의 아들이냐
대답하시되 너희들이 내가 그리고 말하고 있느니라

⁷¹그들이 이르되 어찌 더 증거를 요구하리요
우리가 친히 그 입에서 들었노라 하더라

빌라도가 예수께 묻다

23 ¹무리가 다 일어나 예수를 빌라도에게 끌고 가서

2 고발하여 이르되 우리가 이 사람을 보매
우리 백성을 미혹하고 가이사에게 세금 바치는 것을 금하며
자칭 왕 그리스도라 하더이다 하니

3 빌라도가 예수께 물어 이르되 네가 유대인의 왕이냐
대답하여 이르시되 네 말이 옳도다

4 빌라도가 대제사장들과 무리에게 이르되
내가 보니 이 사람에게 죄가 없도다 하니

5 무리가 더욱 강하게 말하되
그가 온 유대에서 가르치고 갈릴리에서부터 시작하여
여기까지 와서 백성을 소동하게 하나이다

6 빌라도가 듣고 그가 갈릴리 사람이냐 물어

7 헤롯의 관할에 속한 줄을 알고 헤롯에게 보내니

그 때에 헤롯이 예루살렘에 있더라

헤롯 앞에 서시다

⁸헤롯이 예수를 보고 매우 기뻐하니
이는 그의 소문을 들었으므로 보고자 한 지 오래였고
또한 무엇이나 이적 행하심을 볼까 바랐던 연고러라

⁹여러 말로 물으나 아무 말도 대답하지 아니하시니

¹⁰대제사장들과 서기관들이 서서 힘써 고발하더라

¹¹헤롯이 그 군인들과 함께 예수를 업신여기며 희롱하고
빛난 옷을 입혀 빌라도에게 도로 보내니

¹²헤롯과 빌라도가 전에는 원수였으나
당일에 서로 친구(親舊)가 되니라

십자가에 못 박히게 예수를 넘기다

¹³빌라도가 대제사장들과 관리(官吏)들과 백성을 불러 모으고

¹⁴이르되 너희가 이 사람이
백성을 미혹하는 자라 하여 내게 끌고 왔도다
보라 내가 너희 앞에서 심문하였으되

너희가 고발하는 일에 대하여
이 사람에게서 죄를 찾지 못하였고

¹⁵헤롯이 또한 그렇게 하여 그를 우리에게 도로 보내었도다
보라 그가 행한 일에는 죽일 일이 없느니라

¹⁶그러므로 때려서 놓겠노라

¹⁷(없음)

¹⁸무리가 일제히 소리 질러 이르되
이 사람을 없이하고 바라바를 우리에게 놓아 주소서 하니

¹⁹이 바라바는 성중에서 일어난
민란과 살인으로 말미암아 옥에 갇힌 자러라

²⁰빌라도는 예수를 놓고자 하여 다시 그들에게 말하되

²¹그들은 소리 질러 이르되
그를 십자가에 못 박게 하소서
십자가에 못 박게 하소서 하는지라

²²빌라도가 세 번째 말하되
이 사람이 무슨 악한 일을 하였느냐

나는 그에게서 죽일 죄를 찾지 못하였나니
때려서 놓으리라 하니

²³그들이 큰 소리로 재촉하여 십자가에 못 박기를 구하니
그들의 소리가 이긴지라

²⁴이에 빌라도가 그들이 구하는 대로 하기를 언도(言渡)하고

²⁵그들이 요구하는 자 곧 민란과 살인으로 말미암아
옥(獄)에 갇힌 자를 놓아 주고 예수는 넘겨 주어
그들의 뜻대로 하게 하니라

십자가에 못 박히시다

²⁶그들이 예수를 끌고 갈 때에
시몬이라는 구레네 사람이 시골에서 오는 것을 붙들어
그에게 십자가를 지워 예수를 따르게 하더라

²⁷또 백성과 및 그를 위하여 가슴을 치며
슬피 우는 여자의 큰 무리가 따라오는지라

²⁸예수께서 돌이켜 그들을 향하여 이르시되
예루살렘의 딸들아 나를 위하여 울지 말고

너희와 너희 자녀를 위하여 울라

29 보라 날이 이르면 사람이 말하기를
잉태하지 못하는 이와 해산하지 못한 배와
먹이지 못한 젖이 복이 있다 하리라

30 그 때에 사람이 산들을 대하여 우리 위에 무너지라 하며
작은 산들을 대하여 우리를 덮으라 하리라

31 푸른 나무에도 이같이 하거든
마른 나무에는 어떻게 되리요 하시니라

32 또 다른 두 행악자도 사형을 받게 되어
예수와 함께 끌려 가니라

33 해골이라 하는 곳에 이르러
거기서 예수를 십자가에 못 박고 두 행악자도 그렇게 하니

하나는 우편에, 하나는 좌편에 있더라

^{34}이에 예수께서 이르시되
아버지 저들을 사하여 주옵소서

자기들이 하는 것을 알지 못함이니이다 하시더라
그들이 그의 옷을 나눠 제비 뽑을새

^{35}백성은 서서 구경하는데 관리들은 비웃어 이르되
저가 남을 구원하였으니

만일 하나님이 택하신 자 그리스도이면
자신도 구원할지어다 하고

^{36}군인들도 희롱하면서 나아와 신 포도주를 주며

^{37}이르되 네가 만일 유대인의 왕이면
네가 너를 구원하라 하더라

³⁸그의 위에 이는 유대인의 왕이라 쓴 패가 있더라

³⁹달린 행악자 중 하나는 비방하여 이르되
네가 그리스도가 아니냐 너와 우리를 구원하라 하되

⁴⁰하나는 그 사람을 꾸짖어 이르되
네가 동일한 정죄를 받고서도
하나님을 두려워하지 아니하느냐

⁴¹우리는 우리가 행한 일에 상당한 보응을 받는 것이니
이에 당연하거니와 이 사람이 행한 것은
옳지 않은 것이 없느니라 하고

⁴²이르되 예수여 당신의 나라에 임하실 때에
나를 기억하소서 하니

⁴³예수께서 이르시되 내가 진실로 네게 이르노니

오늘 네가 나와 함께 낙원에 있으리라 하시니라

숨지시다

44 때가 제육시쯤 되어 해가 빛을 잃고
온 땅에 어둠이 임하여 제구시까지 계속하며

45 성소의 휘장이 한가운데가 찢어지더라

46 예수께서 큰 소리로 불러 이르시되
아버지 내 영혼을 아버지 손에 부탁(付託)하나이다 하고
이 말씀을 하신 후 숨지시니라

47 백부장이 그 된 일을 보고 하나님께 영광을 돌려 이르되
이 사람은 정녕 의인이었도다 하고

48 이를 구경하러 모인 무리도 그 된 일을 보고
다 가슴을 치며 돌아가고

⁴⁹예수를 아는 자들과 갈릴리로부터 따라온 여자들도
다 멀리 서서 이 일을 보니라

요셉이 예수의 시체를 무덤에 넣어 두다

⁵⁰공회 의원으로 선하고 의로운 요셉이라 하는 사람이 있으니

⁵¹(그들의 결의와 행사에 찬성하지 아니한 자라)
그는 유대인의 동네 아리마대 사람이요
하나님의 나라를 기다리는 자라

⁵²그가 빌라도에게 가서 예수의 시체를 달라 하여

⁵³이를 내려 세마포로 싸고 아직 사람을 장사한 일이 없는
바위에 판 무덤에 넣어 두니

⁵⁴이 날은 준비일이요 안식일이 거의 되었더라

⁵⁵갈릴리에서 예수와 함께 온 여자들이 뒤를 따라

그 무덤과 그의 시체를 어떻게 두었는지를 보고

56돌아가 향품(香品)과 향유(香油)를 준비하더라

살아나시다

24 계명을 따라 안식일에 쉬더라

1안식 후 첫날 새벽에 이 여자들이
그 준비한 향품을 가지고 무덤에 가서

2돌이 무덤에서 굴려 옮겨진 것을 보고

3들어가니 주 예수의 시체가 보이지 아니하더라

4이로 인하여 근심할 때에
문득 찬란한 옷을 입은 두 사람이 곁에 섰는지라

5여자들이 두려워 얼굴을 땅에 대니 두 사람이 이르되
어찌하여 살아 있는 자를 죽은 자 가운데서 찾느냐

6여기 계시지 않고 살아나셨느니라
갈릴리에 계실 때에
너희에게 어떻게 말씀하셨는지를 기억하라

7이르시기를 인자가 죄인의 손에 넘겨져 십자가에 못 박히고
제삼일에 다시 살아나야 하리라 하셨느니라 한대

8그들이 예수의 말씀을 기억하고

9무덤에서 돌아가 이 모든 것을
열한 사도(使徒)와 다른 모든 이에게 알리니

10(이 여자들은 막달라 마리아와 요안나와
야고보의 모친 마리아라 또 그들과 함께 한 다른 여자들도
이것을 사도들에게 알리니라)

11사도들은 그들의 말이 허탄한 듯이 들려 믿지 아니하나

¹²베드로는 일어나 무덤에 달려가서 구부려 들여다 보니
세마포(細麻布)만 보이는지라 그 된 일을 놀랍게 여기며
집으로 돌아가니라

엠마오 길에서 제자들에게 나타나시다

¹³그 날에 그들 중 둘이 예루살렘에서 이십오 리 되는
엠마오라 하는 마을로 가면서

¹⁴이 모든 된 일을 서로 이야기하더라

¹⁵그들이 서로 이야기하며 문의할 때에
예수께서 가까이 이르러 그들과 동행하시나

¹⁶그들의 눈이 가리어져서 그인 줄 알아보지 못하거늘

¹⁷예수께서 이르시되 너희가 길 가면서
서로 주고받고 하는 이야기가 무엇이냐 하시니

두 사람이 슬픈 빛을 띠고 머물러 서더라

---

18 그 한 사람인 글로바라 하는 자가 대답하여 이르되
당신이 예루살렘에 체류하면서도 요즘 거기서 된 일을
혼자만 알지 못하느냐

---

19 이르시되 무슨 일이냐
이르되 나사렛 예수의 일이니 그는 하나님과
모든 백성 앞에서 말과 일에 능하신 선지자(先知者)이거늘

---

20 우리 대제사장들과 관리들이 사형 판결에 넘겨 주어
십자가에 못 박았느니라

---

21 우리는 이 사람이 이스라엘을 속량할 자라고 바랐노라
이뿐 아니라 이 일이 일어난 지가 사흘째요

---

22 또한 우리 중에 어떤 여자들이 우리로 놀라게 하였으니

이는 그들이 새벽에 무덤에 갔다가

23그의 시체는 보지 못하고 와서
그가 살아나셨다 하는 천사들의 나타남을 보았다 함이라

24또 우리와 함께 한 자 중에 두어 사람이 무덤에 가
과연 여자들이 말한 바와 같음을 보았으나
예수는 보지 못하였느니라 하거늘

25이르시되 미련하고 선지자들이 말한 모든 것을
마음에 더디 믿는 자들이여

26그리스도가 이런 고난을 받고
자기의 영광(榮光)에 들어가야 할 것이 아니냐 하시고

27이에 모세와 모든 선지자의 글로 시작하여
모든 성경(聖經)에 쓴 바

자기에 관한 것을 자세히 설명하시니라

28 그들이 가는 마을에 가까이 가매
예수는 더 가려 하는 것 같이 하시니

29 그들이 강권하여 이르되 우리와 함께 유하사이다
때가 저물어가고 날이 이미 기울었나이다 하니
이에 그들과 함께 유하러 들어가시니라

30 그들과 함께 음식 잡수실 때에 떡을 가지사
축사(祝謝)하시고 떼어 그들에게 주시니

31 그들의 눈이 밝아져 그인 줄 알아 보더니
예수는 그들에게 보이지 아니하시는지라

32 그들이 서로 말하되 길에서 우리에게 말씀하시고
우리에게 성경을 풀어 주실 때에

우리 속에서 마음이 뜨겁지 아니하더냐 하고

³³곧 그 때로 일어나 예루살렘에 돌아가 보니
열한 제자 및 그들과 함께 한 자들이 모여 있어

³⁴말하기를 주께서 과연 살아나시고
시몬에게 보이셨다 하는지라

³⁵두 사람도 길에서 된 일과 예수께서 떡을 떼심으로
자기들에게 알려지신 것을 말하더라

열한 제자에게 나타나시다

³⁶이 말을 할 때에 예수께서 친히 그들 가운데 서서
이르시되 너희에게 평강이 있을지어다 하시니

³⁷그들이 놀라고 무서워하여
그 보는 것을 영으로 생각하는지라

누가복음
24:38-43

38예수께서 이르시되 어찌하여 두려워하며
어찌하여 마음에 의심이 일어나느냐

39내 손과 발을 보고 나인 줄 알라
또 나를 만져 보라

영은 살과 뼈가 없으되
너희 보는 바와 같이 나는 있느니라

40이 말씀을 하시고 손과 발을 보이시나

41그들이 너무 기쁘므로 아직도 믿지 못하고
놀랍게 여길 때에 이르시되
여기 무슨 먹을 것이 있느냐 하시니

42이에 구운 생선 한 토막을 드리니

43받으사 그 앞에서 잡수시더라

⁴⁴또 이르시되 내가 너희와 함께 있을 때에
너희에게 말한 바 곧 모세의 율법과 선지자의 글과

시편에 나를 가리켜 기록된 모든 것이
이루어져야 하리라 한 말이 이것이라 하시고

⁴⁵이에 그들의 마음을 열어 성경을 깨닫게 하시고

⁴⁶또 이르시되 이같이 그리스도가 고난을 받고
제삼일에 죽은 자 가운데서 살아날 것과

⁴⁷또 그의 이름으로 죄 사함을 받게 하는 회개가
예루살렘에서 시작하여 모든 족속에게 전파될 것이
기록되었으니

⁴⁸너희는 이 모든 일의 증인(證人)이라

⁴⁹볼지어다 내가 내 아버지께서 약속하신 것을

너희에게 보내리니
너희는 위로부터 능력으로 입혀질 때까지
이 성에 머물라 하시니라

하늘로 올려지시다

⁵⁰예수께서 그들을 데리고 베다니 앞까지 나가사
손을 들어 그들에게 축복(祝福)하시더니

---

⁵¹축복하실 때에 그들을 떠나 [하늘로 올려지시니]

---

⁵²그들이 [그에게 경배하고] 큰 기쁨으로 예루살렘에 돌아가

---

⁵³늘 성전에서 하나님을 찬송하니라

God bless you~

쉼休

5

개 역 개 정 · 신 약 성 경 쓰 기

누가복음 하

초판 1쇄 발행 | 2016년 1월 22일
개정증보판 1쇄 발행 | 2020년 10월 8일

엮은이 | 김영기, 양선
디자인 | 신경애
펴낸곳 | 도서출판 레마북스
출판등록 | 2015년 4월 28일(제568-2015-000002호)
주소 | 충남 당진시 송산면 유곡로 20
전화 | 010.5456.9277(출판사) 010.5424.7706(엮은이)
전자우편 | starlove73@naver.com
총판 | 하늘유통(031.947.7777)

값 7,600원
ISBN 979-11-87588-18-4 04230
ISBN 979-11-87588-16-0 04230(세트)

이 도서의 국립중앙도서관 출판예정도서목록(CIP)은 서지정보유통지원시스템 홈페이지(http://seoji.nl.go.kr)와 국가
자료공동목록시스템(http://www.nl.go.kr/kolisnet)에서 이용하실 수 있습니다.(CIP제어번호: CIP2020039638)